This notebook

belongs to

....

French Conjugation and Vocabulary Notebook

First Edition:2020

ISBN (paperback): 978-93-5426-564-8

CONJUGATION

<table>
<tr>
<td>

....
....
Je ....
Tu ....
Il/Elle ....
Nous...............
Vous...............
Ils/Elles............

</td>
<td>

....
....
Je ....
Tu ....
Il/Elle ....
Nous...............
Vous...............
Ils/Elles............

</td>
<td>

....
....
Je ....
Tu ....
Il/Elle ....
Nous...............
Vous...............
Ils/Elles............

</td>
</tr>
<tr>
<td>

....
....
Je ....
Tu ....
Il/Elle ....
Nous...............
Vous...............
Ils/Elles............

</td>
<td>

....
....
Je ....
Tu ....
Il/Elle ....
Nous...............
Vous...............
Ils/Elles............

</td>
<td>

....
....
Je ....
Tu ....
Il/Elle ....
Nous...............
Vous...............
Ils/Elles............

</td>
</tr>
<tr>
<td>

....
....
Je ....
Tu ....
Il/Elle ....
Nous...............
Vous...............
Ils/Elles............

</td>
<td>

....
....
Je ....
Tu ....
Il/Elle ....
Nous...............
Vous...............
Ils/Elles............

</td>
<td>

....
....
Je ....
Tu ....
Il/Elle ....
Nous...............
Vous...............
Ils/Elles............

</td>
</tr>
</table>

<table>
<tr>
<td>

……………

……………

Je ……………

Tu ……………

Il/Elle ……………

Nous……………

Vous……………

Ils/Elles…………

</td>
<td>

……………

……………

Je ……………

Tu ……………

Il/Elle ……………

Nous……………

Vous……………

Ils/Elles…………

</td>
<td>

……………

……………

Je ……………

Tu ……………

Il/Elle ……………

Nous……………

Vous……………

Ils/Elles…………

</td>
</tr>
<tr>
<td>

……………

……………

Je ……………

Tu ……………

Il/Elle ……………

Nous……………

Vous……………

Ils/Elles…………

</td>
<td>

……………

……………

Je ……………

Tu ……………

Il/Elle ……………

Nous……………

Vous……………

Ils/Elles…………

</td>
<td>

……………

……………

Je ……………

Tu ……………

Il/Elle ……………

Nous……………

Vous……………

Ils/Elles…………

</td>
</tr>
<tr>
<td>

……………

……………

Je ……………

Tu ……………

Il/Elle ……………

Nous……………

Vous……………

Ils/Elles…………

</td>
<td>

……………

……………

Je ……………

Tu ……………

Il/Elle ……………

Nous……………

Vous……………

Ils/Elles…………

</td>
<td>

……………

……………

Je ……………

Tu ……………

Il/Elle ……………

Nous……………

Vous……………

Ils/Elles…………

</td>
</tr>
</table>

<table>
<tr>
<td>

....
....
Je ....
Tu ....
Il/Elle ....
Nous.....................
Vous.....................
Ils/Elles.....................

</td>
<td>

....
....
Je ....
Tu ....
Il/Elle ....
Nous.....................
Vous.....................
Ils/Elles.....................

</td>
<td>

....
....
Je ....
Tu ....
Il/Elle ....
Nous.....................
Vous.....................
Ils/Elles.....................

</td>
</tr>
<tr>
<td>

....
....
Je ....
Tu ....
Il/Elle ....
Nous.....................
Vous.....................
Ils/Elles.....................

</td>
<td>

....
....
Je ....
Tu ....
Il/Elle ....
Nous.....................
Vous.....................
Ils/Elles.....................

</td>
<td>

....
....
Je ....
Tu ....
Il/Elle ....
Nous.....................
Vous.....................
Ils/Elles.....................

</td>
</tr>
<tr>
<td>

....
....
Je ....
Tu ....
Il/Elle ....
Nous.....................
Vous.....................
Ils/Elles.....................

</td>
<td>

....
....
Je ....
Tu ....
Il/Elle ....
Nous.....................
Vous.....................
Ils/Elles.....................

</td>
<td>

....
....
Je ....
Tu ....
Il/Elle ....
Nous.....................
Vous.....................
Ils/Elles.....................

</td>
</tr>
</table>

.... Je .... Tu .... Il/Elle .... Nous................ Vous................ Ils/Elles.............	.... Je .... Tu .... Il/Elle .... Nous................ Vous................ Ils/Elles.............	.... Je .... Tu .... Il/Elle .... Nous................ Vous................ Ils/Elles.............
.... Je .... Tu .... Il/Elle .... Nous................ Vous................ Ils/Elles.............	.... Je .... Tu .... Il/Elle .... Nous................ Vous................ Ils/Elles.............	.... Je .... Tu .... Il/Elle .... Nous................ Vous................ Ils/Elles.............
.... Je .... Tu .... Il/Elle .... Nous................ Vous................ Ils/Elles.............	.... Je .... Tu .... Il/Elle .... Nous................ Vous................ Ils/Elles.............	.... Je .... Tu .... Il/Elle .... Nous................ Vous................ Ils/Elles.............

.... Je .... Tu .... Il/Elle .... Nous............... Vous............... Ils/Elles.............	.... Je .... Tu .... Il/Elle .... Nous............... Vous............... Ils/Elles.............	.... Je .... Tu .... Il/Elle .... Nous............... Vous............... Ils/Elles.............
.... Je .... Tu .... Il/Elle .... Nous............... Vous............... Ils/Elles.............	.... Je .... Tu .... Il/Elle .... Nous............... Vous............... Ils/Elles.............	.... Je .... Tu .... Il/Elle .... Nous............... Vous............... Ils/Elles.............
.... Je .... Tu .... Il/Elle .... Nous............... Vous............... Ils/Elles.............	.... Je .... Tu .... Il/Elle .... Nous............... Vous............... Ils/Elles.............	.... Je .... Tu .... Il/Elle .... Nous............... Vous............... Ils/Elles.............

....	....	....
....	....	....
Je	Je	Je ....
Tu	Tu	Tu ....
Il/Elle	Il/Elle	Il/Elle ....
Nous..................	Nous..................	Nous..................
Vous..................	Vous..................	Vous..................
Ils/Elles..................	Ils/Elles..................	Ils/Elles..................

....	....	....
....	....	....
Je	Je	Je ....
Tu	Tu	Tu ....
Il/Elle	Il/Elle	Il/Elle ....
Nous..................	Nous..................	Nous..................
Vous..................	Vous..................	Vous..................
Ils/Elles..................	Ils/Elles..................	Ils/Elles..................

....	....	....
....	....	....
Je	Je	Je ....
Tu	Tu	Tu ....
Il/Elle	Il/Elle	Il/Elle ....
Nous..................	Nous..................	Nous..................
Vous..................	Vous..................	Vous..................
Ils/Elles..................	Ils/Elles..................	Ils/Elles..................

…………… …………… Je …………… Tu …………… Il/Elle …………… Nous…………… Vous…………… Ils/Elles…………	…………… …………… Je …………… Tu …………… Il/Elle …………… Nous…………… Vous…………… Ils/Elles…………	…………… ………………… Je …………… Tu …………… Il/Elle …………… Nous…………… Vous…………… Ils/Elles…………
…………… …………… Je …………… Tu …………… Il/Elle …………… Nous…………… Vous…………… Ils/Elles…………	…………… …………… Je …………… Tu …………… Il/Elle …………… Nous…………… Vous…………… Ils/Elles…………	…………… …………… Je …………… Tu …………… Il/Elle …………… Nous…………… Vous…………… Ils/Elles…………
…………… …………… Je …………… Tu …………… Il/Elle …………… Nous…………… Vous…………… Ils/Elles…………	…………… …………… Je …………… Tu …………… Il/Elle …………… Nous…………… Vous…………… Ils/Elles…………	…………… …………… Je …………… Tu …………… Il/Elle …………… Nous…………… Vous…………… Ils/Elles…………

.... Je .... Tu .... Il/Elle .... Nous............... Vous............... Ils/Elles.............	.... Je .... Tu .... Il/Elle .... Nous............... Vous............... Ils/Elles.............	.... Je .... Tu .... Il/Elle .... Nous............... Vous............... Ils/Elles.............
.... Je .... Tu .... Il/Elle .... Nous............... Vous............... Ils/Elles.............	.... Je .... Tu .... Il/Elle .... Nous............... Vous............... Ils/Elles.............	.... Je .... Tu .... Il/Elle .... Nous............... Vous............... Ils/Elles.............
.... Je .... Tu .... Il/Elle .... Nous............... Vous............... Ils/Elles.............	.... Je .... Tu .... Il/Elle .... Nous............... Vous............... Ils/Elles.............	.... Je .... Tu .... Il/Elle .... Nous............... Vous............... Ils/Elles.............

………………	………………	………………
………………	………………	………………
Je ……………	Je ……………	Je ……………
Tu ……………	Tu ……………	Tu ……………
Il/Elle …………	Il/Elle …………	Il/Elle …………
Nous……………	Nous……………	Nous……………
Vous……………	Vous……………	Vous……………
Ils/Elles…………	Ils/Elles…………	Ils/Elles…………

………………	………………	………………
………………	………………	………………
Je ……………	Je ……………	Je ……………
Tu ……………	Tu ……………	Tu ……………
Il/Elle …………	Il/Elle …………	Il/Elle …………
Nous……………	Nous……………	Nous……………
Vous…………	Vous……………	Vous……………
Ils/Elles…………	Ils/Elles…………	Ils/Elles…………

………………	………………	………………
………………	………………	………………
Je ……………	Je ……………	Je ……………
Tu ……………	Tu ……………	Tu ……………
Il/Elle …………	Il/Elle …………	Il/Elle …………
Nous……………	Nous……………	Nous……………
Vous……………	Vous……………	Vous……………
Ils/Elles…………	Ils/Elles…………	Ils/Elles…………

<table>
<tr>
<td>

....
....
Je ....
Tu ....
Il/Elle ....
Nous......................
Vous......................
Ils/Elles......................

</td>
<td>

....
....
Je ....
Tu ....
Il/Elle ....
Nous......................
Vous......................
Ils/Elles......................

</td>
<td>

....
....
Je ....
Tu ....
Il/Elle ....
Nous......................
Vous......................
Ils/Elles......................

</td>
</tr>
<tr>
<td>

....
....
Je ....
Tu ....
Il/Elle ....
Nous......................
Vous......................
Ils/Elles......................

</td>
<td>

....
....
Je ....
Tu ....
Il/Elle ....
Nous......................
Vous......................
Ils/Elles......................

</td>
<td>

....
....
Je ....
Tu ....
Il/Elle ....
Nous......................
Vous......................
Ils/Elles......................

</td>
</tr>
<tr>
<td>

....
....
Je ....
Tu ....
Il/Elle ....
Nous......................
Vous......................
Ils/Elles......................

</td>
<td>

....
....
Je ....
Tu ....
Il/Elle ....
Nous......................
Vous......................
Ils/Elles......................

</td>
<td>

....
....
Je ....
Tu ....
Il/Elle ....
Nous......................
Vous......................
Ils/Elles......................

</td>
</tr>
</table>

…………… …………… Je …………… Tu …………… Il/Elle ………… Nous…………… Vous…………… Ils/Elles…………	…………… …………… Je …………… Tu …………… Il/Elle ………… Nous…………… Vous…………… Ils/Elles…………	…………… ………………… Je …………… Tu …………… Il/Elle ………… Nous…………… Vous…………… Ils/Elles…………
…………… …………… Je …………… Tu …………… Il/Elle ………… Nous…………… Vous…………… Ils/Elles…………	…………… …………… Je …………… Tu …………… Il/Elle ………… Nous…………… Vous…………… Ils/Elles…………	…………… …………… Je …………… Tu …………… Il/Elle ………… Nous…………… Vous…………… Ils/Elles…………
…………… …………… Je …………… Tu …………… Il/Elle ………… Nous…………… Vous…………… Ils/Elles…………	…………… …………… Je …………… Tu …………… Il/Elle ………… Nous…………… Vous…………… Ils/Elles…………	…………… …………… Je …………… Tu …………… Il/Elle ………… Nous…………… Vous…………… Ils/Elles…………

.... Je .... Tu .... Il/Elle .... Nous............... Vous............... Ils/Elles.............	.... Je .... Tu .... Il/Elle .... Nous............... Vous............... Ils/Elles.............	.... Je .... Tu .... Il/Elle .... Nous............... Vous............... Ils/Elles.............
.... Je .... Tu .... Il/Elle .... Nous............... Vous............... Ils/Elles.............	.... Je .... Tu .... Il/Elle .... Nous............... Vous............... Ils/Elles.............	.... Je .... Tu .... Il/Elle .... Nous............... Vous............... Ils/Elles.............
.... Je .... Tu .... Il/Elle .... Nous............... Vous............... Ils/Elles.............	.... Je .... Tu .... Il/Elle .... Nous............... Vous............... Ils/Elles.............	.... Je .... Tu .... Il/Elle .... Nous............... Vous............... Ils/Elles.............

.... Je .... Tu .... Il/Elle .... Nous............... Vous............... Ils/Elles.............	.... Je .... Tu .... Il/Elle .... Nous............... Vous............... Ils/Elles.............	.... Je .... Tu .... Il/Elle .... Nous............... Vous............... Ils/Elles.............
.... Je .... Tu .... Il/Elle .... Nous............... Vous............... Ils/Elles.............	.... Je .... Tu .... Il/Elle .... Nous............... Vous............... Ils/Elles.............	.... Je .... Tu .... Il/Elle .... Nous............... Vous............... Ils/Elles.............
.... Je .... Tu .... Il/Elle .... Nous............... Vous............... Ils/Elles.............	.... Je .... Tu .... Il/Elle .... Nous............... Vous............... Ils/Elles.............	.... Je .... Tu .... Il/Elle .... Nous............... Vous............... Ils/Elles.............

.... Je .... Tu .... Il/Elle .... Nous..................... Vous..................... Ils/Elles.....................	.... Je .... Tu .... Il/Elle .... Nous..................... Vous..................... Ils/Elles.....................	.... Je .... Tu .... Il/Elle .... Nous..................... Vous..................... Ils/Elles.....................
.... Je .... Tu .... Il/Elle .... Nous..................... Vous..................... Ils/Elles.....................	.... Je .... Tu .... Il/Elle .... Nous..................... Vous..................... Ils/Elles.....................	.... Je .... Tu .... Il/Elle .... Nous..................... Vous..................... Ils/Elles.....................
.... Je .... Tu .... Il/Elle .... Nous..................... Vous..................... Ils/Elles.....................	.... Je .... Tu .... Il/Elle .... Nous..................... Vous..................... Ils/Elles.....................	.... Je .... Tu .... Il/Elle .... Nous..................... Vous..................... Ils/Elles.....................

…………………… …………………… Je ……………… Tu ……………… Il/Elle …………… Nous…………… Vous…………… Ils/Elles……………	…………………… …………………… Je ……………… Tu ……………… Il/Elle …………… Nous…………… Vous…………… Ils/Elles……………	…………………… …………………… Je ……………… Tu ……………… Il/Elle …………… Nous…………… Vous…………… Ils/Elles……………
…………………… …………………… Je ……………… Tu ……………… Il/Elle …………… Nous…………… Vous…………… Ils/Elles……………	…………………… …………………… Je ……………… Tu ……………… Il/Elle …………… Nous…………… Vous…………… Ils/Elles……………	…………………… …………………… Je ……………… Tu ……………… Il/Elle …………… Nous…………… Vous…………… Ils/Elles……………
…………………… …………………… Je ……………… Tu ……………… Il/Elle …………… Nous…………… Vous…………… Ils/Elles……………	…………………… …………………… Je ……………… Tu ……………… Il/Elle …………… Nous…………… Vous…………… Ils/Elles……………	…………………… …………………… Je ……………… Tu ……………… Il/Elle …………… Nous…………… Vous…………… Ils/Elles……………

.... Je .... Tu .... Il/Elle .... Nous............... Vous............... Ils/Elles.............	.... Je .... Tu .... Il/Elle .... Nous............... Vous............... Ils/Elles.............	.... Je .... Tu .... Il/Elle .... Nous............... Vous............... Ils/Elles.............
.... Je .... Tu .... Il/Elle .... Nous............... Vous............... Ils/Elles.............	.... Je .... Tu .... Il/Elle .... Nous............... Vous............... Ils/Elles.............	.... Je .... Tu .... Il/Elle .... Nous............... Vous............... Ils/Elles.............
.... Je .... Tu .... Il/Elle .... Nous............... Vous............... Ils/Elles.............	.... Je .... Tu .... Il/Elle .... Nous............... Vous............... Ils/Elles.............	.... Je .... Tu .... Il/Elle .... Nous............... Vous............... Ils/Elles.............

<table>
<tr><td>

....
....
Je ....
Tu ....
Il/Elle ....
Nous..............
Vous..............
Ils/Elles..............

</td><td>

....
....
Je ....
Tu ....
Il/Elle ....
Nous..............
Vous..............
Ils/Elles..............

</td><td>

....
....
Je ....
Tu ....
Il/Elle ....
Nous..............
Vous..............
Ils/Elles..............

</td></tr>
<tr><td>

....
....
Je ....
Tu ....
Il/Elle ....
Nous..............
Vous..............
Ils/Elles..............

</td><td>

....
....
Je ....
Tu ....
Il/Elle ....
Nous..............
Vous..............
Ils/Elles..............

</td><td>

....
....
Je ....
Tu ....
Il/Elle ....
Nous..............
Vous..............
Ils/Elles..............

</td></tr>
<tr><td>

....
....
Je ....
Tu ....
Il/Elle ....
Nous..............
Vous..............
Ils/Elles..............

</td><td>

....
....
Je ....
Tu ....
Il/Elle ....
Nous..............
Vous..............
Ils/Elles..............

</td><td>

....
....
Je ....
Tu ....
Il/Elle ....
Nous..............
Vous..............
Ils/Elles..............

</td></tr>
</table>

.... Je .... Tu .... Il/Elle .... Nous............... Vous............... Ils/Elles.............	.... Je .... Tu .... Il/Elle .... Nous............... Vous............... Ils/Elles.............	.... Je .... Tu .... Il/Elle .... Nous............... Vous............... Ils/Elles.............
.... Je .... Tu .... Il/Elle .... Nous............... Vous............... Ils/Elles.............	.... Je .... Tu .... Il/Elle .... Nous............... Vous............... Ils/Elles.............	.... Je .... Tu .... Il/Elle .... Nous............... Vous............... Ils/Elles.............
.... Je .... Tu .... Il/Elle .... Nous............... Vous............... Ils/Elles.............	.... Je .... Tu .... Il/Elle .... Nous............... Vous............... Ils/Elles.............	.... Je .... Tu .... Il/Elle .... Nous............... Vous............... Ils/Elles.............

…………… …………… Je …………… Tu ………… Il/Elle …………… Nous…………… Vous…………… Ils/Elles………….	…………… …………… Je …………… Tu ………… Il/Elle …………… Nous…………… Vous…………… Ils/Elles………….	…………… ……………… Je …………… Tu ………… Il/Elle …………… Nous…………… Vous…………… Ils/Elles………….
…………… …………… Je …………… Tu …………… Il/Elle …………… Nous…………… Vous…………… Ils/Elles………….	…………… …………… Je …………… Tu …………… Il/Elle …………… Nous…………… Vous…………… Ils/Elles………….	…………… …………… Je …………… Tu …………… Il/Elle …………… Nous…………… Vous…………… Ils/Elles………….
…………… …………… Je …………… Tu …………… Il/Elle …………… Nous…………… Vous…………… Ils/Elles………….	…………… …………… Je …………… Tu …………… Il/Elle …………… Nous…………… Vous…………… Ils/Elles………….	…………… …………… Je …………… Tu …………… Il/Elle …………… Nous…………… Vous…………… Ils/Elles………….

<table>
<tr><td>

....
....
Je ....
Tu ....
Il/Elle ....
Nous............
Vous............
Ils/Elles............

</td><td>

....
....
Je ....
Tu ....
Il/Elle ....
Nous............
Vous............
Ils/Elles............

</td><td>

....
....
Je ....
Tu ....
Il/Elle ....
Nous............
Vous............
Ils/Elles............

</td></tr>
<tr><td>

....
....
Je ....
Tu ....
Il/Elle ....
Nous............
Vous............
Ils/Elles............

</td><td>

....
....
Je ....
Tu ....
Il/Elle ....
Nous............
Vous............
Ils/Elles............

</td><td>

....
....
Je ....
Tu ....
Il/Elle ....
Nous............
Vous............
Ils/Elles............

</td></tr>
<tr><td>

....
....
Je ....
Tu ....
Il/Elle ....
Nous............
Vous............
Ils/Elles............

</td><td>

....
....
Je ....
Tu ....
Il/Elle ....
Nous............
Vous............
Ils/Elles............

</td><td>

....
....
Je ....
Tu ....
Il/Elle ....
Nous............
Vous............
Ils/Elles............

</td></tr>
</table>

.... Je .... Tu .... Il/Elle .... Nous............... Vous............... Ils/Elles.............	.... Je .... Tu .... Il/Elle .... Nous............... Vous............... Ils/Elles.............	.... Je .... Tu .... Il/Elle .... Nous............... Vous............... Ils/Elles.............
.... Je .... Tu .... Il/Elle .... Nous............... Vous............... Ils/Elles.............	.... Je .... Tu .... Il/Elle .... Nous............... Vous............... Ils/Elles.............	.... Je .... Tu .... Il/Elle .... Nous............... Vous............... Ils/Elles.............
.... Je .... Tu .... Il/Elle .... Nous............... Vous............... Ils/Elles.............	.... Je .... Tu .... Il/Elle .... Nous............... Vous............... Ils/Elles.............	.... Je .... Tu .... Il/Elle .... Nous............... Vous............... Ils/Elles.............

.... Je .... Tu .... Il/Elle .... Nous............... Vous............... Ils/Elles.............	.... Je .... Tu .... Il/Elle .... Nous............... Vous............... Ils/Elles.............	.... Je .... Tu .... Il/Elle .... Nous............... Vous............... Ils/Elles.............
.... Je .... Tu .... Il/Elle .... Nous............... Vous............... Ils/Elles.............	.... Je .... Tu .... Il/Elle .... Nous............... Vous............... Ils/Elles.............	.... Je .... Tu .... Il/Elle .... Nous............... Vous............... Ils/Elles.............
.... Je .... Tu .... Il/Elle .... Nous............... Vous............... Ils/Elles.............	.... Je .... Tu .... Il/Elle .... Nous............... Vous............... Ils/Elles.............	.... Je .... Tu .... Il/Elle .... Nous............... Vous............... Ils/Elles.............

…………… …………… Je …………… Tu …………… Il/Elle …………… Nous…………… Vous…………… Ils/Elles…………	…………… …………… Je …………… Tu …………… Il/Elle …………… Nous…………… Vous…………… Ils/Elles…………	…………… ……………… Je …………… Tu …………… Il/Elle …………… Nous…………… Vous…………… Ils/Elles…………
…………… …………… Je …………… Tu …………… Il/Elle …………… Nous…………… Vous…………… Ils/Elles…………	…………… …………… Je …………… Tu …………… Il/Elle …………… Nous…………… Vous…………… Ils/Elles…………	…………… …………… Je …………… Tu …………… Il/Elle …………… Nous…………… Vous…………… Ils/Elles…………
…………… …………… Je …………… Tu …………… Il/Elle …………… Nous…………… Vous…………… Ils/Elles…………	…………… …………… Je …………… Tu …………… Il/Elle …………… Nous…………… Vous…………… Ils/Elles…………	…………… …………… Je …………… Tu …………… Il/Elle …………… Nous…………… Vous…………… Ils/Elles…………

.... Je .... Tu .... Il/Elle .... Nous.............. Vous.............. Ils/Elles.............	.... Je .... Tu .... Il/Elle .... Nous.............. Vous.............. Ils/Elles.............	.... Je .... Tu .... Il/Elle .... Nous.............. Vous.............. Ils/Elles.............
.... Je .... Tu .... Il/Elle .... Nous.............. Vous.............. Ils/Elles.............	.... Je .... Tu .... Il/Elle .... Nous.............. Vous.............. Ils/Elles.............	.... Je .... Tu .... Il/Elle .... Nous.............. Vous.............. Ils/Elles.............
.... Je .... Tu .... Il/Elle .... Nous.............. Vous.............. Ils/Elles.............	.... Je .... Tu .... Il/Elle .... Nous.............. Vous.............. Ils/Elles.............	.... Je .... Tu .... Il/Elle .... Nous.............. Vous.............. Ils/Elles.............

....	....	....
....	....	....
Je	Je	Je ....
Tu	Tu	Tu ....
Il/Elle	Il/Elle	Il/Elle ....
Nous..................	Nous..................	Nous..................
Vous..................	Vous..................	Vous..................
Ils/Elles..................	Ils/Elles..................	Ils/Elles..................
....	....	....
....	....	....
Je	Je	Je ....
Tu	Tu	Tu ....
Il/Elle	Il/Elle	Il/Elle ....
Nous..................	Nous..................	Nous..................
Vous..................	Vous..................	Vous..................
Ils/Elles..................	Ils/Elles..................	Ils/Elles..................
....	....	....
....	....	....
Je	Je	Je ....
Tu	Tu	Tu ....
Il/Elle	Il/Elle	Il/Elle ....
Nous..................	Nous..................	Nous..................
Vous..................	Vous..................	Vous..................
Ils/Elles..................	Ils/Elles..................	Ils/Elles..................

<table>
<tr><td>

....
....

Je ....
Tu ....
Il/Elle ....
Nous...............
Vous...............
Ils/Elles...............

</td><td>

....
....

Je ....
Tu ....
Il/Elle ....
Nous...............
Vous...............
Ils/Elles...............

</td><td>

....
....

Je ....
Tu ....
Il/Elle ....
Nous...............
Vous...............
Ils/Elles...............

</td></tr>
<tr><td>

....
....

Je ....
Tu ....
Il/Elle ....
Nous...............
Vous...............
Ils/Elles...............

</td><td>

....
....

Je ....
Tu ....
Il/Elle ....
Nous...............
Vous...............
Ils/Elles...............

</td><td>

....
....

Je ....
Tu ....
Il/Elle ....
Nous...............
Vous...............
Ils/Elles...............

</td></tr>
<tr><td>

....
....

Je ....
Tu ....
Il/Elle ....
Nous...............
Vous...............
Ils/Elles...............

</td><td>

....
....

Je ....
Tu ....
Il/Elle ....
Nous...............
Vous...............
Ils/Elles...............

</td><td>

....
....

Je ....
Tu ....
Il/Elle ....
Nous...............
Vous...............
Ils/Elles...............

</td></tr>
</table>

<table>
<tr><td>

....
....
Je ....
Tu ....
Il/Elle ....
Nous..............
Vous..............
Ils/Elles.............

</td><td>

....
....
Je ....
Tu ....
Il/Elle ....
Nous..............
Vous..............
Ils/Elles.............

</td><td>

....
....
Je ....
Tu ....
Il/Elle ....
Nous..............
Vous..............
Ils/Elles.............

</td></tr>
<tr><td>

....
....
Je ....
Tu ....
Il/Elle ....
Nous..............
Vous..............
Ils/Elles.............

</td><td>

....
....
Je ....
Tu ....
Il/Elle ....
Nous..............
Vous..............
Ils/Elles.............

</td><td>

....
....
Je ....
Tu ....
Il/Elle ....
Nous..............
Vous..............
Ils/Elles.............

</td></tr>
<tr><td>

....
....
Je ....
Tu ....
Il/Elle ....
Nous..............
Vous..............
Ils/Elles.............

</td><td>

....
....
Je ....
Tu ....
Il/Elle ....
Nous..............
Vous..............
Ils/Elles.............

</td><td>

....
....
Je ....
Tu ....
Il/Elle ....
Nous..............
Vous..............
Ils/Elles.............

</td></tr>
</table>

<table>
<tr>
<td>

....
....
Je ....
Tu ....
Il/Elle ....
Nous...............
Vous...............
Ils/Elles.............

</td>
<td>

....
....
Je ....
Tu ....
Il/Elle ....
Nous...............
Vous...............
Ils/Elles.............

</td>
<td>

....
....
Je ....
Tu ....
Il/Elle ....
Nous...............
Vous...............
Ils/Elles.............

</td>
</tr>
<tr>
<td>

....
....
Je ....
Tu ....
Il/Elle ....
Nous...............
Vous...............
Ils/Elles.............

</td>
<td>

....
....
Je ....
Tu ....
Il/Elle ....
Nous...............
Vous...............
Ils/Elles.............

</td>
<td>

....
....
Je ....
Tu ....
Il/Elle ....
Nous...............
Vous...............
Ils/Elles.............

</td>
</tr>
<tr>
<td>

....
....
Je ....
Tu ....
Il/Elle ....
Nous...............
Vous...............
Ils/Elles.............

</td>
<td>

....
....
Je ....
Tu ....
Il/Elle ....
Nous...............
Vous...............
Ils/Elles.............

</td>
<td>

....
....
Je ....
Tu ....
Il/Elle ....
Nous...............
Vous...............
Ils/Elles.............

</td>
</tr>
</table>

.... Je .... Tu .... Il/Elle .... Nous............... Vous............... Ils/Elles............	.... Je .... Tu .... Il/Elle .... Nous............... Vous............... Ils/Elles............	.... Je .... Tu .... Il/Elle .... Nous............... Vous............... Ils/Elles............
.... Je .... Tu .... Il/Elle .... Nous............... Vous............... Ils/Elles............	.... Je .... Tu .... Il/Elle .... Nous............... Vous............... Ils/Elles............	.... Je .... Tu .... Il/Elle .... Nous............... Vous............... Ils/Elles............
.... Je .... Tu .... Il/Elle .... Nous............... Vous............... Ils/Elles............	.... Je .... Tu .... Il/Elle .... Nous............... Vous............... Ils/Elles............	.... Je .... Tu .... Il/Elle .... Nous............... Vous............... Ils/Elles............

…………… …………… Je ……………. Tu ……………. Il/Elle …………. Nous…………… Vous…………… Ils/Elles………….	…………… …………… Je ……………. Tu ……………. Il/Elle …………. Nous…………… Vous…………… Ils/Elles………….	…………… …………………… Je ……………. Tu ……………. Il/Elle ………….. Nous…………… Vous…………… Ils/Elles………….
…………… …………… Je ……………. Tu ……………. Il/Elle ………….. Nous…………… Vous…………… Ils/Elles………….	…………… …………… Je ……………. Tu ……………. Il/Elle ………….. Nous…………… Vous…………… Ils/Elles………….	…………… …………… Je ……………. Tu ……………. Il/Elle ………….. Nous…………… Vous…………… Ils/Elles………….
…………… …………… Je ……………. Tu ……………. Il/Elle ………….. Nous…………… Vous…………… Ils/Elles………….	…………… …………… Je ……………. Tu ……………. Il/Elle ………….. Nous…………… Vous…………… Ils/Elles………….	…………… …………… Je ……………. Tu ……………. Il/Elle ………….. Nous…………… Vous…………… Ils/Elles………….

.... Je .... Tu .... Il/Elle .... Nous................ Vous................ Ils/Elles.............	.... Je .... Tu .... Il/Elle .... Nous................ Vous................ Ils/Elles.............	.... Je .... Tu .... Il/Elle .... Nous................ Vous................ Ils/Elles.............
.... Je .... Tu .... Il/Elle .... Nous................ Vous................ Ils/Elles.............	.... Je .... Tu .... Il/Elle .... Nous................ Vous................ Ils/Elles.............	.... Je .... Tu .... Il/Elle .... Nous................ Vous................ Ils/Elles.............
.... Je .... Tu .... Il/Elle .... Nous................ Vous................ Ils/Elles.............	.... Je .... Tu .... Il/Elle .... Nous................ Vous................ Ils/Elles.............	.... Je .... Tu .... Il/Elle .... Nous................ Vous................ Ils/Elles.............

.... Je .... Tu .... Il/Elle .... Nous................ Vous................ Ils/Elles.............	.... Je .... Tu .... Il/Elle .... Nous................ Vous................ Ils/Elles.............	.... Je .... Tu .... Il/Elle .... Nous................ Vous................ Ils/Elles.............
.... Je .... Tu .... Il/Elle .... Nous................ Vous................ Ils/Elles.............	.... Je .... Tu .... Il/Elle .... Nous................ Vous................ Ils/Elles.............	.... Je .... Tu .... Il/Elle .... Nous................ Vous................ Ils/Elles.............
.... Je .... Tu .... Il/Elle .... Nous................ Vous................ Ils/Elles.............	.... Je .... Tu .... Il/Elle .... Nous................ Vous................ Ils/Elles.............	.... Je .... Tu .... Il/Elle .... Nous................ Vous................ Ils/Elles.............

……………… ……………… Je ……………… Tu ……………… Il/Elle ………… Nous…………… Vous…………… Ils/Elles…………	……………… ……………… Je ……………… Tu ……………… Il/Elle ………… Nous…………… Vous…………… Ils/Elles…………	……………… ……………… Je ……………… Tu ……………… Il/Elle ………… Nous…………… Vous…………… Ils/Elles…………
……………… ……………… Je ……………… Tu ……………… Il/Elle ………… Nous…………… Vous…………… Ils/Elles…………	……………… ……………… Je ……………… Tu ……………… Il/Elle ………… Nous…………… Vous…………… Ils/Elles…………	……………… ……………… Je ……………… Tu ……………… Il/Elle ………… Nous…………… Vous…………… Ils/Elles…………
……………… ……………… Je ……………… Tu ……………… Il/Elle ………… Nous…………… Vous…………… Ils/Elles…………	……………… ……………… Je ……………… Tu ……………… Il/Elle ………… Nous…………… Vous…………… Ils/Elles…………	……………… ……………… Je ……………… Tu ……………… Il/Elle ………… Nous…………… Vous…………… Ils/Elles…………

.... Je .... Tu .... Il/Elle .... Nous............... Vous............... Ils/Elles............	.... Je .... Tu .... Il/Elle .... Nous............... Vous............... Ils/Elles............	.... Je .... Tu .... Il/Elle .... Nous............... Vous............... Ils/Elles............
.... Je .... Tu .... Il/Elle .... Nous............... Vous............... Ils/Elles............	.... Je .... Tu .... Il/Elle .... Nous............... Vous............... Ils/Elles............	.... Je .... Tu .... Il/Elle .... Nous............... Vous............... Ils/Elles............
.... Je .... Tu .... Il/Elle .... Nous............... Vous............... Ils/Elles............	.... Je .... Tu .... Il/Elle .... Nous............... Vous............... Ils/Elles............	.... Je .... Tu .... Il/Elle .... Nous............... Vous............... Ils/Elles............

……………… ……………… Je ……………… Tu ……………. Il/Elle ………….. Nous…………… Vous…………… Ils/Elles…………	……………… ……………… Je ……………… Tu ……………. Il/Elle ………….. Nous…………… Vous…………… Ils/Elles…………	……………… ……………… Je ……………… Tu ……………. Il/Elle ………….. Nous…………… Vous…………… Ils/Elles…………
……………… ……………… Je ……………… Tu ……………… Il/Elle ………….. Nous…………… Vous…………… Ils/Elles…………	……………… ……………… Je ……………… Tu ……………… Il/Elle ………….. Nous…………… Vous…………… Ils/Elles…………	……………… ……………… Je ……………… Tu ……………… Il/Elle ………….. Nous…………… Vous…………… Ils/Elles…………
……………… ……………… Je ……………… Tu ……………… Il/Elle ………….. Nous…………… Vous…………… Ils/Elles…………	……………… ……………… Je ……………… Tu ……………… Il/Elle ………….. Nous…………… Vous…………… Ils/Elles…………	……………… ……………… Je ……………… Tu ……………… Il/Elle ………….. Nous…………… Vous…………… Ils/Elles…………

.... Je .... Tu .... Il/Elle .... Nous............... Vous............... Ils/Elles.............	.... Je .... Tu .... Il/Elle .... Nous............... Vous............... Ils/Elles.............	.... Je .... Tu .... Il/Elle .... Nous............... Vous............... Ils/Elles.............
.... Je .... Tu .... Il/Elle .... Nous............... Vous............... Ils/Elles.............	.... Je .... Tu .... Il/Elle .... Nous............... Vous............... Ils/Elles.............	.... Je .... Tu .... Il/Elle .... Nous............... Vous............... Ils/Elles.............
.... Je .... Tu .... Il/Elle .... Nous............... Vous............... Ils/Elles.............	.... Je .... Tu .... Il/Elle .... Nous............... Vous............... Ils/Elles.............	.... Je .... Tu .... Il/Elle .... Nous............... Vous............... Ils/Elles.............

……………… ……………… Je ……………… Tu …………… Il/Elle …………… Nous…………… Vous…………… Ils/Elles…………	……………… ……………… Je ……………… Tu …………… Il/Elle …………… Nous…………… Vous…………… Ils/Elles…………	……………… ……………… Je ……………… Tu …………… Il/Elle …………… Nous…………… Vous…………… Ils/Elles…………
……………… ……………… Je ……………… Tu …………… Il/Elle …………… Nous…………… Vous…………… Ils/Elles…………	……………… ……………… Je ……………… Tu …………… Il/Elle …………… Nous…………… Vous…………… Ils/Elles…………	……………… ……………… Je ……………… Tu …………… Il/Elle …………… Nous…………… Vous…………… Ils/Elles…………
……………… ……………… Je ……………… Tu …………… Il/Elle …………… Nous…………… Vous…………… Ils/Elles…………	……………… ……………… Je ……………… Tu …………… Il/Elle …………… Nous…………… Vous…………… Ils/Elles…………	……………… ……………… Je ……………… Tu …………… Il/Elle …………… Nous…………… Vous…………… Ils/Elles…………

<table>
<tr>
<td>

……………………
……………………
Je …………………
Tu …………………
Il/Elle ……………
Nous……………….
Vous……………….
Ils/Elles……………

</td>
<td>

……………………
……………………
Je …………………
Tu …………………
Il/Elle ……………
Nous……………….
Vous……………….
Ils/Elles……………

</td>
<td>

……………………
……………………
Je …………………
Tu …………………
Il/Elle ……………
Nous……………….
Vous……………….
Ils/Elles……………

</td>
</tr>
<tr>
<td>

……………………
……………………
Je …………………
Tu …………………
Il/Elle ……………
Nous……………….
Vous……………….
Ils/Elles……………

</td>
<td>

……………………
……………………
Je …………………
Tu …………………
Il/Elle ……………
Nous……………….
Vous……………….
Ils/Elles……………

</td>
<td>

……………………
……………………
Je …………………
Tu …………………
Il/Elle ……………
Nous……………….
Vous……………….
Ils/Elles……………

</td>
</tr>
<tr>
<td>

……………………
……………………
Je …………………
Tu …………………
Il/Elle ……………
Nous……………….
Vous……………….
Ils/Elles……………

</td>
<td>

……………………
……………………
Je …………………
Tu …………………
Il/Elle ……………
Nous……………….
Vous……………….
Ils/Elles……………

</td>
<td>

……………………
……………………
Je …………………
Tu …………………
Il/Elle ……………
Nous……………….
Vous……………….
Ils/Elles……………

</td>
</tr>
</table>

<table>
<tr>
<td>

....
....
Je ....
Tu ....
Il/Elle ....
Nous...............
Vous...............
Ils/Elles.............

</td>
<td>

....
....
Je ....
Tu ....
Il/Elle ....
Nous...............
Vous...............
Ils/Elles.............

</td>
<td>

....
....
Je ....
Tu ....
Il/Elle ....
Nous...............
Vous...............
Ils/Elles.............

</td>
</tr>
<tr>
<td>

....
....
Je ....
Tu ....
Il/Elle ....
Nous...............
Vous...............
Ils/Elles.............

</td>
<td>

....
....
Je ....
Tu ....
Il/Elle ....
Nous...............
Vous...............
Ils/Elles.............

</td>
<td>

....
....
Je ....
Tu ....
Il/Elle ....
Nous...............
Vous...............
Ils/Elles.............

</td>
</tr>
<tr>
<td>

....
....
Je ....
Tu ....
Il/Elle ....
Nous...............
Vous...............
Ils/Elles.............

</td>
<td>

....
....
Je ....
Tu ....
Il/Elle ....
Nous...............
Vous...............
Ils/Elles.............

</td>
<td>

....
....
Je ....
Tu ....
Il/Elle ....
Nous...............
Vous...............
Ils/Elles.............

</td>
</tr>
</table>

....	....	....
....	....	....
Je	Je	Je ....
Tu	Tu	Tu ....
Il/Elle	Il/Elle	Il/Elle ....
Nous.....................	Nous.....................	Nous.....................
Vous.....................	Vous.....................	Vous.....................
Ils/Elles.....................	Ils/Elles.....................	Ils/Elles.....................

....	....	....
....	....	....
Je	Je	Je ....
Tu	Tu	Tu ....
Il/Elle	Il/Elle	Il/Elle ....
Nous.....................	Nous.....................	Nous.....................
Vous.....................	Vous.....................	Vous.....................
Ils/Elles.....................	Ils/Elles.....................	Ils/Elles.....................

....	....	....
....	....	....
Je	Je	Je ....
Tu	Tu	Tu ....
Il/Elle	Il/Elle	Il/Elle ....
Nous.....................	Nous.....................	Nous.....................
Vous.....................	Vous.....................	Vous.....................
Ils/Elles.....................	Ils/Elles.....................	Ils/Elles.....................

....	....	....
....	....	....
Je	Je	Je ....
Tu	Tu	Tu ....
Il/Elle	Il/Elle	Il/Elle ....
Nous...............	Nous...............	Nous...............
Vous...............	Vous...............	Vous...............
Ils/Elles...............	Ils/Elles...............	Ils/Elles...............
....	....	....
....	....	....
Je	Je	Je ....
Tu	Tu	Tu ....
Il/Elle	Il/Elle	Il/Elle ....
Nous...............	Nous...............	Nous...............
Vous...............	Vous...............	Vous...............
Ils/Elles...............	Ils/Elles...............	Ils/Elles...............
....	....	....
....	....	....
Je	Je	Je ....
Tu	Tu	Tu ....
Il/Elle	Il/Elle	Il/Elle ....
Nous...............	Nous...............	Nous...............
Vous...............	Vous...............	Vous...............
Ils/Elles...............	Ils/Elles...............	Ils/Elles...............

.... Je .... Tu .... Il/Elle .... Nous.................... Vous.................... Ils/Elles....................	.... Je .... Tu .... Il/Elle .... Nous.................... Vous.................... Ils/Elles....................	.... Je .... Tu .... Il/Elle .... Nous.................... Vous.................... Ils/Elles....................
.... Je .... Tu .... Il/Elle .... Nous.................... Vous.................... Ils/Elles....................	.... Je .... Tu .... Il/Elle .... Nous.................... Vous.................... Ils/Elles....................	.... Je .... Tu .... Il/Elle .... Nous.................... Vous.................... Ils/Elles....................
.... Je .... Tu .... Il/Elle .... Nous.................... Vous.................... Ils/Elles....................	.... Je .... Tu .... Il/Elle .... Nous.................... Vous.................... Ils/Elles....................	.... Je .... Tu .... Il/Elle .... Nous.................... Vous.................... Ils/Elles....................

…………… …………… Je …………… Tu …………… Il/Elle …………… Nous…………… Vous…………… Ils/Elles…………	…………… …………… Je …………… Tu …………… Il/Elle …………… Nous…………… Vous…………… Ils/Elles…………	…………… …………………… Je …………… Tu …………… Il/Elle …………… Nous…………… Vous…………… Ils/Elles…………
…………… …………… Je …………… Tu …………… Il/Elle …………… Nous…………… Vous…………… Ils/Elles…………	…………… …………… Je …………… Tu …………… Il/Elle …………… Nous…………… Vous…………… Ils/Elles…………	…………… …………… Je …………… Tu …………… Il/Elle …………… Nous…………… Vous…………… Ils/Elles…………
…………… …………… Je …………… Tu …………… Il/Elle …………… Nous…………… Vous…………… Ils/Elles…………	…………… …………… Je …………… Tu …………… Il/Elle …………… Nous…………… Vous…………… Ils/Elles…………	…………… …………… Je …………… Tu …………… Il/Elle …………… Nous…………… Vous…………… Ils/Elles…………

.... Je .... Tu .... Il/Elle .... Nous.............. Vous.............. Ils/Elles.............	.... Je .... Tu .... Il/Elle .... Nous.............. Vous.............. Ils/Elles.............	.... Je .... Tu .... Il/Elle .... Nous.............. Vous.............. Ils/Elles.............
.... Je .... Tu .... Il/Elle .... Nous.............. Vous.............. Ils/Elles.............	.... Je .... Tu .... Il/Elle .... Nous.............. Vous.............. Ils/Elles.............	.... Je .... Tu .... Il/Elle .... Nous.............. Vous.............. Ils/Elles.............
.... Je .... Tu .... Il/Elle .... Nous.............. Vous.............. Ils/Elles.............	.... Je .... Tu .... Il/Elle .... Nous.............. Vous.............. Ils/Elles.............	.... Je .... Tu .... Il/Elle .... Nous.............. Vous.............. Ils/Elles.............

....
....
Je ....
Tu ....
Il/Elle ....
Nous..............
Vous..............
Ils/Elles.............

....
....
Je ....
Tu ....
Il/Elle ....
Nous..............
Vous..............
Ils/Elles.............

....
....
Je ....
Tu ....
Il/Elle ....
Nous..............
Vous..............
Ils/Elles.............

....
....
Je ....
Tu ....
Il/Elle ....
Nous..............
Vous..............
Ils/Elles.............

....
....
Je ....
Tu ....
Il/Elle ....
Nous..............
Vous..............
Ils/Elles.............

....
....
Je ....
Tu ....
Il/Elle ....
Nous..............
Vous..............
Ils/Elles.............

....
....
Je ....
Tu ....
Il/Elle ....
Nous..............
Vous..............
Ils/Elles.............

....
....
Je ....
Tu ....
Il/Elle ....
Nous..............
Vous..............
Ils/Elles.............

....
....
Je ....
Tu ....
Il/Elle ....
Nous..............
Vous..............
Ils/Elles.............

…………… …………… Je …………… Tu …………… Il/Elle ………… Nous…………… Vous…………… Ils/Elles…………	…………… …………… Je …………… Tu …………… Il/Elle ………… Nous…………… Vous…………… Ils/Elles…………	…………… ……………………… Je …………… Tu …………… Il/Elle ………… Nous…………… Vous…………… Ils/Elles…………
…………… …………… Je …………… Tu …………… Il/Elle ………… Nous…………… Vous…………… Ils/Elles…………	…………… …………… Je …………… Tu …………… Il/Elle ………… Nous…………… Vous…………… Ils/Elles…………	…………… …………… Je …………… Tu …………… Il/Elle ………… Nous…………… Vous…………… Ils/Elles…………
…………… …………… Je …………… Tu …………… Il/Elle ………… Nous…………… Vous…………… Ils/Elles…………	…………… …………… Je …………… Tu …………… Il/Elle ………… Nous…………… Vous…………… Ils/Elles…………	…………… …………… Je …………… Tu …………… Il/Elle ………… Nous…………… Vous…………… Ils/Elles…………

<table>
<tr><td>

....
....
Je ....
Tu ....
Il/Elle ....
Nous...............
Vous...............
Ils/Elles............

</td><td>

....
....
Je ....
Tu ....
Il/Elle ....
Nous...............
Vous...............
Ils/Elles............

</td><td>

....
....
Je ....
Tu ....
Il/Elle ....
Nous...............
Vous...............
Ils/Elles............

</td></tr>
<tr><td>

....
....
Je ....
Tu ....
Il/Elle ....
Nous...............
Vous...............
Ils/Elles............

</td><td>

....
....
Je ....
Tu ....
Il/Elle ....
Nous...............
Vous...............
Ils/Elles............

</td><td>

....
....
Je ....
Tu ....
Il/Elle ....
Nous...............
Vous...............
Ils/Elles............

</td></tr>
<tr><td>

....
....
Je ....
Tu ....
Il/Elle ....
Nous...............
Vous...............
Ils/Elles............

</td><td>

....
....
Je ....
Tu ....
Il/Elle ....
Nous...............
Vous...............
Ils/Elles............

</td><td>

....
....
Je ....
Tu ....
Il/Elle ....
Nous...............
Vous...............
Ils/Elles............

</td></tr>
</table>

<table>
<tr>
<td>

....

....

Je ....

Tu ....

Il/Elle ....

Nous.....................

Vous.....................

Ils/Elles.....................

</td>
<td>

....

....

Je ....

Tu ....

Il/Elle ....

Nous.....................

Vous.....................

Ils/Elles.....................

</td>
<td>

....

....

Je ....

Tu ....

Il/Elle ....

Nous.....................

Vous.....................

Ils/Elles.....................

</td>
</tr>
<tr>
<td>

....

....

Je ....

Tu ....

Il/Elle ....

Nous.....................

Vous.....................

Ils/Elles.....................

</td>
<td>

....

....

Je ....

Tu ....

Il/Elle ....

Nous.....................

Vous.....................

Ils/Elles.....................

</td>
<td>

....

....

Je ....

Tu ....

Il/Elle ....

Nous.....................

Vous.....................

Ils/Elles.....................

</td>
</tr>
<tr>
<td>

....

....

Je ....

Tu ....

Il/Elle ....

Nous.....................

Vous.....................

Ils/Elles.....................

</td>
<td>

....

....

Je ....

Tu ....

Il/Elle ....

Nous.....................

Vous.....................

Ils/Elles.....................

</td>
<td>

....

....

Je ....

Tu ....

Il/Elle ....

Nous.....................

Vous.....................

Ils/Elles.....................

</td>
</tr>
</table>

....	....	....
.... Je .... Tu .... Il/Elle .... Nous.......................... Vous.......................... Ils/Elles..........................	.... Je .... Tu .... Il/Elle .... Nous.......................... Vous.......................... Ils/Elles..........................	.... Je .... Tu .... Il/Elle .... Nous.......................... Vous.......................... Ils/Elles..........................
.... Je .... Tu .... Il/Elle .... Nous.......................... Vous.......................... Ils/Elles..........................	.... Je .... Tu .... Il/Elle .... Nous.......................... Vous.......................... Ils/Elles..........................	.... Je .... Tu .... Il/Elle .... Nous.......................... Vous.......................... Ils/Elles..........................
.... Je .... Tu .... Il/Elle .... Nous.......................... Vous.......................... Ils/Elles..........................	.... Je .... Tu .... Il/Elle .... Nous.......................... Vous.......................... Ils/Elles..........................	.... Je .... Tu .... Il/Elle .... Nous.......................... Vous.......................... Ils/Elles..........................

<table>
<tr><td>

....
....
Je ....
Tu ....
Il/Elle ....
Nous................
Vous................
Ils/Elles.............

</td><td>

....
....
Je ....
Tu ....
Il/Elle ....
Nous................
Vous................
Ils/Elles.............

</td><td>

....
....
Je ....
Tu ....
Il/Elle ....
Nous................
Vous................
Ils/Elles.............

</td></tr>
<tr><td>

....
....
Je ....
Tu ....
Il/Elle ....
Nous................
Vous................
Ils/Elles.............

</td><td>

....
....
Je ....
Tu ....
Il/Elle ....
Nous................
Vous................
Ils/Elles.............

</td><td>

....
....
Je ....
Tu ....
Il/Elle ....
Nous................
Vous................
Ils/Elles.............

</td></tr>
<tr><td>

....
....
Je ....
Tu ....
Il/Elle ....
Nous................
Vous................
Ils/Elles.............

</td><td>

....
....
Je ....
Tu ....
Il/Elle ....
Nous................
Vous................
Ils/Elles.............

</td><td>

....
....
Je ....
Tu ....
Il/Elle ....
Nous................
Vous................
Ils/Elles.............

</td></tr>
</table>

VOCABULARY

Français French	Anglais English	Prononciation Pronunciation

Français French	Anglais English	Prononciation Pronunciation

Français French	Anglais English	Prononciation Pronunciation

Français French	Anglais English	Prononciation Pronunciation

Français French	Anglais English	Prononciation Pronunciation
Français French	Anglais English	Prononciation Pronunciation

Français French	Anglais English	Prononciation Pronunciation

Français French	Anglais English	Prononciation Pronunciation

Français French	Anglais English	Prononciation Pronunciation

Français French	Anglais English	Prononciation Pronunciation

Français French	Anglais English	Prononciation Pronunciation

Français French	Anglais English	Prononciation Pronunciation

Français French	Anglais English	Prononciation Pronunciation

Français French	Anglais English	Prononciation Pronunciation

Français French	Anglais English	Prononciation Pronunciation

Français / French	Anglais / English	Prononciation / Pronunciation

Français French	Anglais English	Prononciation Pronunciation

Français French	Anglais English	Prononciation Pronunciation

Français French	Anglais English	Prononciation Pronunciation

Français French	Anglais English	Prononciation Pronunciation

Français French	Anglais English	Prononciation Pronunciation

Français French	Anglais English	Prononciation Pronunciation

Français French	Anglais English	Prononciation Pronunciation

Français French	Anglais English	Prononciation Pronunciation

Français French	Anglais English	Prononciation Pronunciation

Français French	Anglais English	Prononciation Pronunciation

Français French	Anglais English	Prononciation Pronunciation

Français French	Anglais English	Prononciation Pronunciation

Français French	Anglais English	Prononciation Pronunciation

Français French	Anglais English	Prononciation Pronunciation

Français French	Anglais English	Prononciation Pronunciation

Français French	Anglais English	Prononciation Pronunciation

Français French	Anglais English	Prononciation Pronunciation

Français French	Anglais English	Prononciation Pronunciation

Français French	Anglais English	Prononciation Pronunciation

Français French	Anglais English	Prononciation Pronunciation

Français French	Anglais English	Prononciation Pronunciation

Français French	Anglais English	Prononciation Pronunciation

Français French	Anglais English	Prononciation Pronunciation

Français French	Anglais English	Prononciation Pronunciation

Français French	Anglais English	Prononciation Pronunciation

Français French	Anglais English	Prononciation Pronunciation

Français French	Anglais English	Prononciation Pronunciation

Français French	Anglais English	Prononciation Pronunciation

Français French	Anglais English	Prononciation Pronunciation

Français French	Anglais English	Prononciation Pronunciation
Français French	Anglais English	Prononciation Pronunciation

Français French	Anglais English	Prononciation Pronunciation

Français French	Anglais English	Prononciation Pronunciation
Français French	Anglais English	Prononciation Pronunciation

Français French	Anglais English	Prononciation Pronunciation

Français French	Anglais English	Prononciation Pronunciation

Français French	Anglais English	Prononciation Pronunciation